Secretos Para Triunfar en Instagram

Impacta y Gana Más Seguidores

Secretos Para triunfar en Instagram

Impacta y Gana Más Seguidores

Carls Gerard

Secretos Para Triunfar en Instagram

Derechos de Autor
Derechos de Autor del Texto © 2017 Carlos Gerardo Salazar García
Todos los Derechos Reservados

De acuerdo a los Derechos de Autor se prohíbe la reproducción parcial o total de **Secretos Para Triunfar en Instagram,** mediante cualquier medio electrónico o impreso sin el consentimiento escrito del autor, excepto en caso de citas breves en artículos críticos y revisiones.

Impreso por CreateSpace

Impreso por CreateSpace, Una Empresa de Amazon.com

CreateSpace, Charleston SC

CreateSpace

ISBN-13: 978-1979237215

ISBN-10: 1979237212

Disponible en Kindle y otros dispositivos, puntos de venta, otras tiendas de libros y tiendas en línea

Dedicatoria

Dedicado a todos y todas esas apasionadas por el Social Media.

Que quieran triunfar en Instagram!

Tabla de contenido

Introducción 1

El Boom de Instagram 5

Calidad del Contenido. 9

Exclusive Content 9

FEED 11

Instagram Stories... 13

Follows 15

Similitud en Instagram... 19

Horarios 21

Foto del Perfil 23

Vertical Vs Horizontal 24

Cross Promotion o Promoción cruzada 26

#Hashtags # 27

3 Herramientas Para Instagram................................ 31

Introducción

Con la era digital, todo ha cambiado.

La forma en la que nos relacionamos, compartimos, aprendemos y nos divertimos es mucho más diversa. Y todo Gracias a la Tecnología y al Social Media.

Hoy la mayoría de las personas pasa más del 80% de su tiempo con un teléfono celular en sus manos, dentro de una red social.

Y la forma de hacer negocios, ya no es como en la era industrial, donde se "necesitaba trabajar duro" y cambiar horas de vida en un empleo, para obtener un ingreso económico.

Quizá, ahora te preguntes ¿cómo generar ingresos en Instagram?

Bien, hay muchas.

Una de ellas es vendiendo tus propios bienes o servicios. Otra muy popular es por hacer shoutouts donde le permitas a otra persona exponerse en tu cuenta. Y otra, puede venir por hacer Network Marketing y puedas introducir otras personas a tu "net" o red de negocios.

Hoy mezclamos el trabajar duro con el trabajar inteligentemente, construyendo sistemas que nos generen ingresos. Haciéndose más simple con las redes sociales en esta era digital.

El Boom de Instagram

Instagram no es lo que era antes.

En sus inicios, Instagram era un poco diferente de lo que es ahora. Sin ser el objetivo de este eBook de traer sus antiguas características a colación, solo se indicara dos características que se han mantenido de esta red social y otra que la ha hecho cambiar:

1- Instagram, era especial para que los fotógrafos (profesionales y aficionados) dieran a conocer su trabajo, y esto no quiere decir que ahora no lo sea. Sin embargo, actualmente es la red social más hot y es especial para negocios de cualquier tipo.

2- Se ha caracterizado por ser el lugar donde están las "chicas cool", y esto ha hecho que al principio pocos hombres se atrevieran a entrar. Esto es algo que aún se nota muy marcado en Latinoamérica, pero poco a poco irá desapareciendo esta tendencia, ya que las personas en general se están dando cuenta del potencial de la red para generar ingresos.

3- El algoritmo, este es el punto que vino a cambiar a Instagram, ya que ahora el lograr exponerse de manera masiva, es un poco más complejo de lo que lo era antes.

Desde que Facebook compró Instagram, se ha implementado su tecnología, lo que permite a las marcas exponerse a las posibles personas que pueden tener interés o han interactuado con tu contenido.

Por lo que una cuenta, sea esta nueva o con trayectoria en Instagram, no tendrá gran alcance si no sigue ciertos tipos o parámetros que le permiten abrir el algoritmo para generar una mayor exposición a la audiencia.

Definiendo de manera sencilla, un algoritmo es un procedimiento lógico matemático que permite llegar a un resultado, o dicho de otra forma, los pasos que se deben seguir para llegar a un fin.

Para efectos de Instagram, el fin no necesariamente es tener la mayor cantidad de seguidores. Por supuesto que es bueno, pero lo que se debe buscar es generar la mayor cantidad de interacciones de tu audiencia con tu contenido, para que te generen una mayor conversión, logrando más credibilidad y conexión con tu cuenta o marca.

Para que empieces hoy mismo a abrir/hackear el algoritmo de Instagram, y aumentar tu audiencia/clientes potenciales, aquí te vienen los HAcKs con los que lograrás estos resultados.

Calidad del Contenido.

Exclusive Content

Puedes empezar a postear contenido de otras personas, pero poco a poco tienes que tratar de generar tu propio contenido.

Cuando posteas contenido de otras marcas, procura

etiquetar para dar los derechos de autor.

Al generar tu propio contenido vas a generar mayor conexión y credibilidad. Pero procura que sea contenido autentico, que no aburra y genere algo que contar.

FEED

Es muy difícil mantener un único feed.

Lo puedes hacer mostrando, contenido que tenga relación con tu tema, por ejemplo, si posteas algún tipo de alimento, tratar que se mantenga el "mismo tipo de alimento", por ejemplo comida vegana.

También hay que tomar en cuenta los colores, y filtros que utilizas. Desde el neuromarketing, se sabe que utilizar tonos azules permite tener más credibilidad. Sin embargo, cuando algo se vuelve una tendencia deja de captar la atención, por lo que es importante la creatividad...

Y cuando escribes el texto de tus post verifica tu ortografía. Te confieso que la ortografía no es mi fuerte, por eso reviso muchas veces, y si no estoy seguro de una palabra pregunto o busca la respuesta. Te aconsejo que lo hagas.

Instagram Stories

Si Instagram lo puso, esta ahí por algo.

Realmente al utilizar Instagram stories, podrás abrir aún más el algoritmo, teniendo un mayor alcance.

Ocasionando que tengas exposición con los amigos de tus seguidores en stories y la famosa lupa de Instagram.

En esta pestaña con el icono de una lupa, básicamente puedes ver las fotos o usuarios que Instagram te propone en función de tu perfil y de la gente a la que tú sigues.

Por lo tanto, al verte otras personas en esta sección, es muy probable que interaccionen con tu cuenta, con lo que puedes generar un nuevo follower.

Follows

Hay algo muy característico en Instagram y en las redes sociales en general, y es que muchas personas piden que sigan sus cuentas. Está bien puedes pedir que te sigan, el problema es cuando se hace como suplicando por seguidores, mejor no lo hagas de esa forma, puede no verse "profesional o cool", al menos que estés en un concurso y pidas la ayuda de tus seguidores.

Una forma que resulta para generar seguidores, es buscar personas en tu nicho, seguirlas, darle like a su contenido, pero no de una forma que parezca spamming.

Así es muy probable que esta persona decida seguirte.

Sin embargo, trata primero de seguir personas que generen contenido de interés para ti.

Segundo, esto de seguir a un usuario de una red social y dar like funciona pero se está "prostituyendo" porque muchas personas te siguen para lograr que tú las sigas, pero una vez que los has hecho quedas en las lista de los próximos en dejar de seguir.

Es decir, días después de que les has seguido, te dejan de seguir porque ya han logrado su objetivo. Ganar un seguidor, donde lo más probable no te des cuenta que te han dejado de seguir.

No realices esta práctica para "ganar" seguidores. Lo más probable es que pierdas clientes por hacerlo.

No tienes que seguir a todos los que te siguen, es mejor que te sigan porque quieren. Sé que puede ser difícil en especial al inicio, pero eso de seguir y engañar, no está bien hecho.

Similitud en Instagram

Busca cuentas que tengan contenido similar al tuyo, que sean similar a tu nicho y con cantidad similar de followers.

Así puedes crear partners con quienes crecer tu audiencia.

Para esto puedes hacer **shoutouts** donde puedes acordar en determinadas ocasiones con otr@s

INSTAGRAMERS, lanzar post o pedir colaboración para crecer tu cuenta.

Presta atención a este punto, porque este puede ser una de las mejores formas de tener éxito en Instagram. Así que busca crear buenas relaciones.

Horarios

La realidad, es que si hay una hora para realizar los post, pero no les puedo asegurar esa hora.

Lo que si les puedo recomendar es que hagan varios post al día, en distintos  horarios. Pasen su cuenta de Instagram, a una cuenta business de Instagram que es gratuita, con lo que puedes aprovechar el analytics.

Así pueden ver a cuales horas tus post tienen un mayor alcance, gracias a que tu audiencia esta más activa. Aquí te menciono que tu post va a tener un mayor alcance durante la primera hora, por ello es importante que la mayor cantidad de interacciones se realicen durante este tiempo.

Foto del Perfil

Procura mantener una misma foto de perfil, porque así las personas se identifican con esa foto y es más sencillo que te reconozcan y sigan.

Esto no quiere decir que no la cambies, claro que puedes, solo que no sea constantemente.

Vertical Vs Horizontal

Cuando realizas un post, procura que sean post en vertical. Mira la siguiente imagen en horizontal.

Ahora mira la siguiente imagen en vertical.

Como ves, el que la imagen sea en vertical va permitir que sea vista por mayor tiempo, resaltando sobre las demás. También se debe de tomar en cuenta de que apenas se tiene un máximo de 3, o alrededor de 3 segundos para que tu post impacte a tu público. Por lo tanto, trata de postear imágenes en vertical.

Cross Promotion o Promoción cruzada

Este es un súper hack.

Trata de cruzar tus post, en tus distintas redes sociales.

#cruzar

#Hashtags

Los hashtags simplemente lo que hacen es posicionarte en los buscadores, de tal manera de que seas más visible, permitiendo que las personas te puedan encontrar más fácilmente.

Hay personas que no siguen cuentas que tengan demasiados hashtags porque dicen que esas cuentas solo quieren generar seguidores, pero estas son pocas personas.

Sin embargo, la

verdad es que tienen razón, esas cuentas quieren generar seguidores, pero la otra verdad es que esas personas en su interior también quisieran tener muchos seguidores, pero no los tienen por dos razones principales, por miedo y porque no saben cómo tenerlos. Una cosa es cierta, el número de seguidores no define a una persona, ni su éxito en social media, pero si ayuda a tu marca.

Pero bueno, para Instagram puedes usar hasta 30 hashtags por post, úsalos todos. Pero usa tags que sean congruentes con tu target.

No utilices solo hashtags populares, utiliza hashtags que tengan pocos post por ejemplo 10000, o que tengan hasta 1 millón, el punto es que si utilizas solo los tags populares no obtendrás los resultados esperados.

Recomiendo utilizar 10 tags únicos de tu marca, 10 con pocos posts y 10 populares. Además busca entre 30 y 90  hashtags que se identifiquen más con tu marca, para que los uses constantemente.

Y para finalizar este HacK, te recomiendo no anotarlos en el caption donde indicas tu comentario como "pie de foto". Ubica tus hashtags en el segundo comentario, o primero de los comentarios que se le agregaran a tu post.

Esto permite que tu post se vea más limpio y ordenado, y no te preocupes, para efectos de posicionamiento funciona de igual manera.

3 Herramientas Para Instagram

Webstagram: Con esta herramienta puedes encontrar, y optimizar tus etiquetas.

UN UM: Te permite subir varias fotos y ordenarlas del modo que te gustaría que aparezcan en Instagram.

Planoly: Esta es una herramienta de pago, pero puedes utilizar su versión gratuita, con ella puedes programar tus post y al mismo tiempo puedes ordenar los post a tu gusto, dándote la función de UN UM.

Personalmente, no quiero dar a entender que uso estas herramientas, tampoco soy patrocinado por ellas por ponerlas en este libro. Simplemente son ejemplos de herramientas con estas funciones que te pueden ser muy útiles. Sin embargo, se debe tomar en consideración que hay dispositivos con los que son compatibles y con los que no, debido a su sistema operativo, como en el caso de UN UM.

Para finalizar te quiero dejar con esta frase que encontré mientras investigaba sobre este tema:

"La Creatividad Requiere Coraje"
– Henri Matisse

"Sean Creativ@s y enamoren a su audiencia."

Carls Gerard

Conóceme:

www.CarlsGerard.com

Facebook – Twitter – Snapchat : **@CarlsGerard**

Instagram: **@Carls.Gerard**

YouTube:
https://www.youtube.com/channel/UCCIcYURIsZPeLQ5FC_vCdQQ?

Después de una extensa investigación, en blogs, vídeos, la puesta en práctica, prueba y error, resultados y fracasos. Las conclusiones de este libro - eBook se basan principalmente de la parte empírica (es decir de la puesta en práctica y de lo que ha funcionado para mi) y de dos fuentes muy completas, cuyos enlaces se encuentran a continuación.

https://www.youtube.com/watch?v=Z3MFa2SqQO4

https://www.youtube.com/watch?v=7g7TPAYM5Cw

www.ingramcontent.com/pod-product-compliance
Lightning Source LLC
Chambersburg PA
CBHW050246230526
45470CB00005B/2132